齋藤 孝の
どっちも得意になる！

理科 × 国語

教育画劇

はじめに

　学校で勉強する教科は、「国語」「算数」「理科」「社会」のように分かれています。それぞれまったく別々の分野を学んでいるように感じるかもしれませんが、実はその内容には、教科の壁をこえて関わりあっている部分がたくさんあります。たとえば、国語の授業で俳句を読み、季語から情景を想像して味わうには、季節ごとの植物や天気にまつわる理科の知識がとても役立ちます。また、数字やグラフなど算数の知識を活かして社会の変化をながめると、今私たちが抱えている問題点や未来の課題がわかりやすく見えてきます。

　ある教科を勉強するときに、ほかの教科との関わりを考えながら学ぶと、とても効率よく両方の教科の知識が身につきます。ひとつの教科が得意になると、実はほかの教科を理解する土台の力が養われるのです。

　この本では、小学3年生〜6年生の教科書にそった「理科」と「国語」の学習のポイントを掲載しています。さらに2教科の学びのポイントをつなげて発展させ、教科書の内容にはとどまらない、幅広い知識を身につけられる考え方を紹介しています。2教科を一緒に考えることで、それぞれの教科への理解や各教科のつながりに対する関心がぐっと深まります。「理科は好きだけど国語は苦手だなあ」という人、その反対の人も、読みすすめるにつれて理科と国語の世界が深くつながっていることにびっくりするはずです。

　この本を通して、教科の壁にとらわれないものの見方や、学ぶことの新しいおもしろさを発見してもらえたらうれしく思います。

監修者　齋藤孝

おもな登場人物

理科ウーマン
理科の星から来たおしゃれなヒーロー。尊敬する人物はアインシュタイン。

国語マン
国語の里から来たポジティブな忍者。趣味は俳句を詠むこと。

りか
理科が好きな小学生。好きな植物はひまわり。

くにこ
国語が好きな小学生。好きな作家は宮沢賢治。

もくじ

- 自然の知識で俳句を味わおう ・・・・・・・・・・・・・・ 4
- 生き物の漢字を分類してみよう ・・・・・・・・・・・・ 8
- 星の動きと古典の世界 ・・・・・・・・・・・・・・・・・・・・ 12
- 観察と本で自分だけの図鑑を作ろう ・・・・・・・・ 18
- ことわざで天気予報をしてみよう ・・・・・・・・・・ 22
- 伝記を読んで発見と発明を見わたそう ・・・・・・ 28
- 理科のふしぎと詩を楽しもう ・・・・・・・・・・・・・・ 32

理科×国語 こぼれ話

- 辞書と図鑑のゲームで遊ぼう! ・・・・・・・・・・・・ 16
- わくわく理科ライブラリー ・・・・・・・・・・・・・・・・ 26

理科パワーと国語パワーを上手に組み合わせて、どっちも得意になっちゃおう!

雲の峰雷を封じて聳えけり　夏目漱石

解説 入道雲が雷をおさえこむように高く大きくそびえたつようすをうたっています。

むまさうな雪がふうはりふはりかな　小林一茶

解説 ぼたん雪がふわりふわりと舞い落ちるようすをうたっています。

雪をおいしそうっていう一茶の発想がおもしろいね。

葛の葉のおもて見せけり今朝の霜　松尾芭蕉

解説 秋風で葉の裏ばかり見せていた葛の葉の上に、初霜が降りたようすをうたっています。

夏の雲と秋の雲では、ずいぶん俳句の持つ雰囲気に差があるね。一体、どうちがうのかな。

学びのポイント

国　俳句に親しもう

俳句は五・七・五の十七音からなる日本独特の詩の形です。どの俳句も、季節を表す「季語」という言葉をふくんでいます。季語を探しながら音読し、俳句に親しんでみましょう。

国＋理　天気の移り変わりから季語を知ろう

季語の季節を知ることが、俳句を味わう第一歩。天気に関する季語の中には、空気の表現や雲の名前など、一見季節がわかりにくいものもあります。理科に関わる気象現象を学ぶことで、季語の季節感をつかみましょう。

国＋理　自然の知識から俳句を読み取ろう

「五月雨をあつめて早し」とは、一体どういうことでしょうか。俳句の情景を想像するときにも、川に関する理科の知識が手がかりになってくれます。

国＋理　俳句や季語のノートを作ろう

自然の知識を調べてノートにまとめると、俳句の読解や創作に活かしやすくなります。注意深く四季の移り変わりに目をとめ、「自然」と「俳句」が密接に結びついていることを意識しながら、イラストなどを用いて、見た目にも楽しい自分だけのオリジナル歳時記ノートを作ってみましょう。

次のページで、理科と国語にもっとくわしくなろう！

学びのポイント もっとくわしくなろう
春夏秋冬の自然と俳句

四季それぞれの自然の特ちょうをよく知ると、俳句を味わったり詠んだりするのがもっと楽しくなるよ。美しい季語を調べることからはじめてみよう。

国＋理 天気の移り変わりから季語を知ろう

気象の知識と一緒に季語を覚えよう。季語についている春夏秋冬のマークをよく見て、季節を確認してね。

霞と霧のちがいって？

春 霞　春 朧　秋 霧

春は空中に細かな水滴がただよい、遠くのものがぼんやりとしてはっきり見えないことがある。この現象を日中は「霞」と呼び、夜は「朧」と呼ぶ。「霧」は、秋に起きる「霞」と同じ現象のこと。気象用語では春も秋も「霧」のみが使われる。霧は地上を水滴がおおった状態なので、霧の中にいるのは、まるで空の上の雲の中にいるのと同じような状態といえる。

霧

ほかにもあるよ、ふしぎな気象現象

	もや	霧に似た現象。気象用語では、1km以上先の景色が見えない状態を「霧」といい、それより見通しがよいものを「靄」と呼んで区別する。靄は季語ではない。
春	陽炎	水蒸気が立ちのぼることによって光が屈折し、遠くの景色がゆらめいて見える現象のこと。あたたかくなる春に多くなるよ。
春	蜃気楼	空気中にあたたかい空気と冷たい空気の層があるとき、光の屈折でものが逆さまに見えたり、遠くのものが近くに見えたりする現象のこと。

▶P.25 伝説を生んだ自然現象

雲の形をよく見てみよう

大気の状態が不安定な夏には積乱雲がよく見られる。入道雲もそのひとつ。積乱雲は、雷や豪雨、ときにひょうを降らせる。一方、秋になると、空の高いところに小さな雲のかたまりがたくさん寄せ集まった、巻積雲がよく見られる。魚のうろこのような見た目から、鰯雲、鱗雲、鯖雲などの呼び名がある。

夏 雲の峰　積乱雲　入道雲

入道雲

秋 秋の雲　巻積雲　鰯雲

鰯雲

雪と似ている気象現象

▶P.33・35 生い立ちの歌

冬	雪	雲の中の水のつぶがかたまり、空気中の水蒸気がくっついて結晶となり降ってきたもの。
冬	みぞれ	雨まじりに降る雪。または、とけかかって降る雪。
冬	あられ	雲から落下する白色不透明・半透明または透明な氷の粒で、直径が5mm未満のもの。
夏	ひょう	大気が不安定なときに積乱雲から降る、直径5mm以上の氷塊。
秋	しぐれ	秋の終わりから冬のはじめにかけて、ぱらぱらと通り雨のように降る雨、または雪のこと。

あられとひょうはどっちも同じ氷のつぶのことだけど、季語の季節はまるで真逆なんだね！

積乱雲は夏に多く見られる雲だからひょうも夏に降ることが多く、夏の季語に分類されているんだね。

自然の知識から俳句を読み取ろう

俳句にうたわれている自然現象について調べてみよう。情景をより想像しやすくなるよ。

五月雨
陰暦の五月ごろに降り続く雨のこと。または梅雨。今では夏のイメージが強い梅雨だが、陰暦の五月は春にあたるので、俳句では春の季語に分類される。

最上川

最上川は山形県を流れる川。「日本三大急流」のひとつとしても知られる。

五月雨をあつめて早し最上川　松尾芭蕉

川を流れる水
雨が長時間降り続くなどして、川の水の量がふえると、川の流れがどんどん速くなり勢いを増す。

- 雨が降り続いて川の流れが変わったんだね!
- 俳句を口に出して読むと、勢いよく流れる川のようすが想像できるね!

俳句や季語のノートを作ろう

俳句や季語について調べてノートにまとめてみよう。理科の知識を入れるとぐっと情報がふえるよ。

俳句ノート
好きな俳句がうたっている自然について調べてみよう。自分が想像した景色や思ったことも書き加えることで、俳句の世界を深く読みこみ、感じ取ることができるよ。

●秋の空を詠んだ俳句

赤とんぼ　筑波に雲もなかりけり　正岡子規（季語：赤とんぼ）

秋の空は移動性高気圧におおわれ、空気がすんで青く高く晴れわたる。青い空に赤が映えてすがすがしさが伝わる。

季語ノート
自然に関する季語を調べて、イラストや写真をつけてまとめてみよう。俳句を詠んだり、味わったりするときにとても役立つよ。植物や動物の季語を調べてもおもしろいね。

秋 露  → 冬 霜

露は葉っぱなどにつく水滴のこと。空気が冷えると空気中の水蒸気がかたまってできる。冬になってさらに気温が下がると、この水滴が凍って霜になる。

冬 霜柱
土の中の水分が結晶となった、細い氷柱の集まり。土を押し上げる。

冬 氷柱
水のしずくが凍って、軒下などに棒状に垂れ下がったもの。

生き物の漢字を分類してみよう

虫へんがつく漢字を集めたら、おなじみの身近な昆虫たちがいっぱい集まってきたよ。でも、よ〜く見ると中には昆虫ではないものもまざっているみたい。きみにはどれが昆虫か区別できるかな？

生き物と漢字のしくみ

昆虫の体のつくり
関連単元：理科3年　こん虫をそだてよう

昆虫の体は、頭、むね、はらの3つの部分に分かれ、むねには6本のあしが生えています。

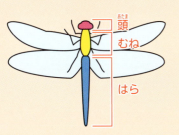

トンボの体（頭・むね・はら）　バッタの体（頭・むね・はら）

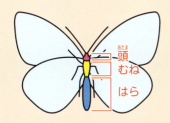

チョウの体（頭・むね・はら）

足は6本ともはらではなくむねから生えているんだよ。頭には触角や目、口もあるね。

へんとつくり
関連単元：国語3年　へんとつくり

漢字が左右に分けられるとき、左側の部分を「へん」といい、右側の部分は「つくり」といいます。主に、へんは漢字のおおまかな意味を表し、つくりは漢字の音などを表します。

てへんの漢字	さんずいの漢字	きへんの漢字
持	泳	林
投	汗	松
打	汁	板
指	清	柱
拾	海	机

▲きへんは「木」、さんずいは「水」、てへんは「手」に関係する漢字が多い。

へん　つくり
板

中には「動」や「助」のように、つくりが漢字の意味を表すものもあるよ。

理科と国語をつなげる

虫へんの漢字を昆虫とそうでないものに分けてみよう。生き物を観察して、体のつくりから昆虫かどうか判断できるかな？

漢字が生まれた古代中国では、鳥やけもの、魚以外の小さな生き物をすべて虫のなかまとしていたんだよ。

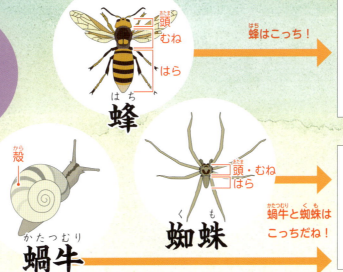

蜂（頭・むね・はら）　蜂はこっち！

昆虫
甲虫、蝉、蜻蛉、蟷螂、蟻、螢、蚕、蚊、蝗、蝶

蝸牛　蜘蛛（頭・むね・はら）　蝸牛と蜘蛛はこっちだね！

昆虫以外
蛤、蠍、蝮、蛇、虹、蛸、風、蛙、蝙蝠

学びのポイント もっとくわしくなろう
生き物の種類と漢字

生き物の漢字の由来を見てみると、どれもなるほどと思わせられる説ばかりだね。いくつか複数の説を持つものも多いよ。

国＋理 生き物の種類と漢字

生き物の分類に合わせて漢字を分けてみよう。どんな特ちょうが見えてくるかな？

けものへんがついていないほ乳類とついているほ乳類って何がちがうのかな。

けものへんがついていない漢字は家畜やペット、乗り物として活やくしていた動物など、人間に身近な動物が多いね！

ほ乳類
肺で呼吸し、母乳で子育てをする。体毛がある。

ほ乳類の漢字
ひと 人	さる 猿	ぞう 象
ねこ 猫	いぬ 犬	きつね 狐
しか 鹿	いのしし 猪	たぬき 狸
おおかみ 狼	うし 牛	ひつじ 羊
うま 馬	とら 虎	うさぎ 兎

象形文字とけものへんを使った漢字が多い。

※象形文字…ものの形をかたどった文字。絵文字から発展して生まれた。

鳥類
肺で呼吸し、卵を産む。羽毛があり、多くは空を飛ぶことができる。

鳥類の漢字
にわとり 鶏	つる 鶴	はと 鳩
うぐいす 鶯	かも 鴨	しぎ 鴫
わし 鷲	さぎ 鷺	たか 鷹
う 鵜	ふくろう 梟	つばめ 燕
くじゃく 孔雀	ひばり 雲雀	

ほとんどに鳥へんか、鳥を表す「隹」がつく。

は虫類・両生類
卵を産む。は虫類はおもに陸で活動し、両生類は皮ふ呼吸をするため、水辺で暮らしている。

は虫類・両生類の漢字
へび 蛇	かめ 亀	かえる 蛙
さんしょううお 山椒魚		わに 鰐
とかげ 蜥蜴		いもり 井守
すっぽん 鼈		

虫へんや魚へんがちらほらまじっている。

魚類
エラで呼吸し、水中で生活する。体はうろこでおおわれている。

魚類の漢字
あじ 鯵	まぐろ 鮪	さわら 鰆
たら 鱈	ひらめ 鮃	かれい 鰈
さんま 秋刀魚		いわし 鰯
あなご 穴子		さより 針魚
さば 鯖	たい 鯛	あゆ 鮎

ほとんどに魚へんの漢字が使われているね。

は虫類と両生類って、よく似ていて区別がむずかしいな。

漢字の使われ方を見ると、昔の人はは虫類と両生類を虫や魚の仲間だと思っていたのかもね。

※それぞれの漢字には異体字などもあります。

漢字から見える生き物の特ちょう

漢字には、生き物の特ちょうを表す字を組み合わせてできたものもたくさんあるよ。

> 魚類の漢字は、漢字が日本に入ってからできたものが多いんだよ。だから意味も由来もわかりやすいね。

> 漢字からも、日本人にとって魚が親しみのある食べ物だったことがわかるね！

鰯（いわし） 魚＋弱

陸に揚げるとすぐ弱ること、ほかの魚のエサになりやすい弱い魚であることから。

鰆（さわら） 魚＋春

晩秋から初春の産卵期に多くとれる、春の魚であることから。

鮃（ひらめ） 魚＋平

薄くて平たいことから。両目が体の左側にあるので、「側の眼」→「ヒラメ」とも。

鯖（さば） 魚＋青
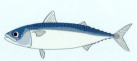
体の色が青々としていることから。おすしでも青魚と呼ばれるね！

鱈（たら） 魚＋雪

初雪のころにおいしくなること、身が雪のように白いことから。

鷲（わし） 就＋鳥
獲物をめざし、ぐっと近寄ることから、くっついていくことを表す「就」がついている。

鶏（にわとり） 奚＋鳥
人に飼われる鳥であることから、「ひもでつなぐ」を表す「奚」という字が使われている。

鷺（さぎ） 路＋鳥
白を意味する「露」の一部分がついて、透きとおるように白いことを表している。

狸（たぬき） 犭＋里
土の中に埋まるように身を隠すことから、「埋」の右部分がついている。

狼（おおかみ） 犭＋良
「冷たく澄み切った」という意味を持つ「良」がついている。

由来に生き物が関わる漢字いろいろ

生き物以外を表す漢字でも、漢字のなりたちに生き物が関わっていることもあるんだ。

なぜ虫へんがつくの？
虹
古代中国では、虹は大きな蛇や竜の一種であると考えられていたことから。

なぜ虫へんがつくの？
風
古くは虫だと思われていた蛇や蛙が、春風によって季節を知るとされていたことから。

もとはトカゲだった！？
易
易という漢字はトカゲのすがたからできた。トカゲが変色することからやがて「変化」を表す字に。

魚と羊が合わさって…
鮮
魚も羊も新鮮さが大事だということから、新しさや鮮やかさを表す漢字になった。

星の動きと古典の世界

月は太陽の光を反射して光って見える。地球と月の動きによって月の形が変わることを、「月の満ち欠け」というよ。月の満ち欠けは昔から人々の想像力をかきたて、たくさんの物語や伝説に登場してきたんだ。

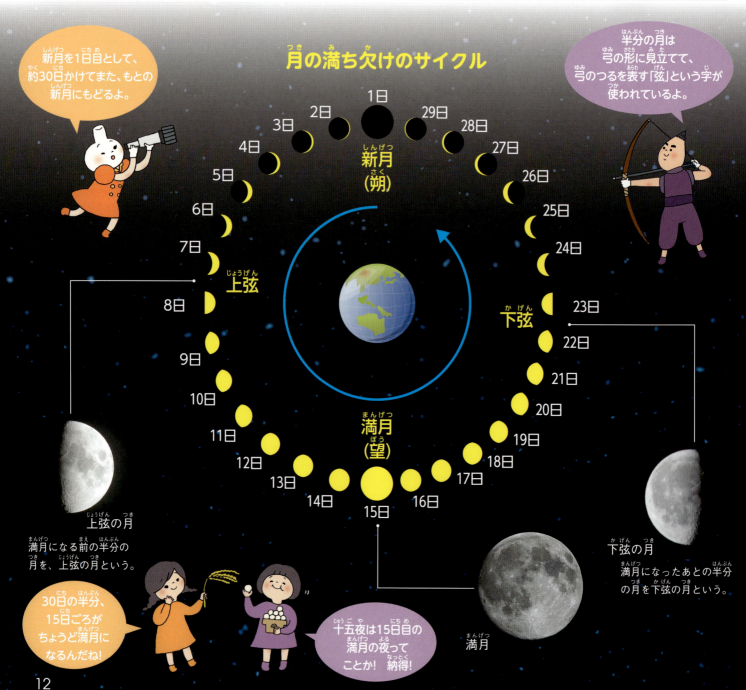

地球と宇宙と古典

月の満ち欠け

関連単元：理科4年　月の動き

月は日によって見える形が変わり、約30日かけてまた元の形にもどります。

【午後6時ごろの月の形と位置】

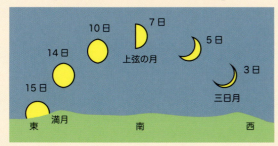

時刻によっても、月が出る時間や見える位置、月の向きが変わります。

【下弦の月の動き方】

古典に親しもう

関連単元：国語5～6年　古典

古典は、古い時代に書かれた書物です。現代語訳を読むと、昔と今では使われている言葉がずいぶんちがうことがわかります。今の言葉にはない音の響きを楽しみながら、昔の人のものの見方や感じ方にふれてみましょう。

竹取物語　平安時代初期の物語。「かぐや姫の物語」とも呼ばれる。

古典原文
今は昔、竹取の翁といふものありけり。野山にまじりて竹を取りつつ、よろづのことに使ひけり。名をば、さぬきのみやつことなむいひける。

現代語訳
昔、竹取の翁とよばれる人がいた。野山に分け入って竹を取っては、いろいろなことに使っていた。名を、さぬきのみやつこといった。

「野山」は今も使うね。「よろづ」は一体どんな意味なのかな？

理科と国語をつなげる

昔の人は、月の満ち欠けを利用してこよみを作ったんだ。古典に登場する月の呼び名から、その月の形を知ることができるよ。

月の形や日にちがそれぞれの月の呼び名に表れているね！

月の呼び名

日	呼び名	日	呼び名
1日ごろ	新月	16日ごろ	十六夜
2日ごろ	繊月	16日以降	有明の月
3日ごろ	三日月	17日ごろ	立待月
7日ごろ	上弦の月	18日ごろ	居待月
10日ごろ	十日夜	19日ごろ	寝待月
13日ごろ	十三夜月	20日ごろ	更待月
14日ごろ	小望月	22日ごろ	下弦の月
15日ごろ	満月・望月	29日ごろ	三十日月

月の呼び名の由来を知ろう

立待月
立って待っているうちに出てくる月。

居待月
出るのが少し遅いので、座って待つ月。

寝待月
とうとう寝転んで待つほど、出るのが遅い月。

更待月
月の出がさらに遅く、夜更けになる月。

満月のあと、だんだん月の出が遅くなる変化のようすが月の呼び名からよくわかるね。

学びのポイント もっとくわしくなろう
昔の物語と月の科学

昔の人は月や太陽をどのように見ていたのかな。古くから伝わる物語や言い伝えを科学の目で見てみると、おもしろい発見があるよ。

月のうさぎ伝説

月のもようを見ると…

日本では「十五夜になると月にいるうさぎが餅つきをする」と言い伝えられてきた。月の表面に見える黒い部分が、まるでうさぎが餅をついているように見えるという。平安時代にまとめられた『今昔物語集』にも、月にうさぎが住んでいるという物語がおさめられているんだよ。

> ――此の兎の火に入たる形を月の中に移して、あまねく一切の衆生に見せしめむがために月の中に籠め給ひつ。
> （今昔物語より）
>
> うさぎが火の中に飛び込もうとしたその姿を、いつでも地上の生きとし生けるものたちが見上げられるよう、月の中に永遠に残したのでした。（現代語訳）

古くから伝わる伝説には、昔の人の自然観やものの見方があらわれているよ。

日本	南アメリカ	アラビア地域
うさぎ	ロバ	ライオン
北ヨーロッパ	東ヨーロッパ	南ヨーロッパ
本を読む女性	女性の横顔	カニ

月のもようはうさぎだけでなく、世界中でいろいろな動物や人物に見立てられているね。

日本のうさぎは薬より餅が好き

月にうさぎが住んでいるという伝説は中国から伝わった。中国では月のうさぎは不老不死の薬を作っているとされていた。それが日本に入って餅つきに変わった。一説によれば、日本では満月のことを「望月」とも呼ぶが、この言葉のひびきが「餅つき」に似ていることから、伝説が変化したともいわれる。

18世紀の中国でえがかれた、月のうさぎが不老不死の薬を作る図。

科学の目で見ると… 月の観測でわかるうさぎの正体

月の表面の黒っぽい部分は、月の大地からふきだしたマグマが固まった場所。「月の海」と呼ばれているが、実際に底に水があるわけではない。

うさぎのもようができたワケ

「月の海」はうさぎのもようが見える月の表側に多く、裏側にはほとんどない。2012年、月探査衛星「かぐや」が月表面で取得したデータを解析した結果、かつて月の表側に超巨大天体が衝突したことでマグマが吹き出しやすくなり、多数の「月の海」ができたという証拠が得られた。

2007年に打ち上げられた日本の月探査衛星「かぐや」。1年半にわたって月の周囲をまわり、さまざまな観測を行った。

あの月のうさぎの形は隕石の衝突が原因で生まれたんだね！

神話の太陽と月

日本の神話と天体

日本人はあらゆるものに神さまが宿ると考えてきた。太陽と月も、太陽神であるアマテラスと月の神であるツクヨミとして神話に登場する。

太陽神が姿を消した天岩戸伝説

古事記と日本書紀には、弟スサノオの乱暴に怒った太陽神のアマテラスが洞窟に隠れ、世界がまっ暗になってしまったという伝説が記されている。この洞窟は天岩戸と呼ばれている。

——かくて天照らす大神がお出ましになった時に、天も下の世界も自然と照り明るくなりました。
（古事記より）

科学の目で見ると… 昼間にまっ暗になる現象って…？

天岩戸伝説は、「皆既日食」という天体現象を表しているのではないかという説がある。今では科学的に説明できる「皆既日食」だけれど、昔の人は、このふしぎな天体現象を神さまの行いだと考えたのかもしれないね。

皆既日食とは？

「日食」は、太陽のすがたが地球と太陽の間に入った月によって隠される天体現象のこと。太陽のすがたが月のかげにすっぽり隠れる日食は、特別に「皆既日食」と呼ばれる。

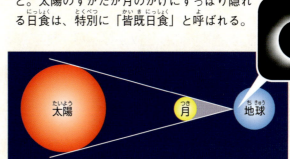

皆既日食のときの太陽の見え方。

次回、日本で皆既日食が見られるのは2035年9月2日だよ。

太陽と「二十四節気」

四季を知るための目印

江戸時代まで使われていた「旧暦」は、月の動きをもとに作られたもので、約354日を1年間としていた。けれど月を基準にすると日にちと季節が毎年少しずつずれてしまうため、昔の人は右のような「二十四節気」を取り入れて季節の目安にしていたんだ。これは太陽の動きをもとに1年を24分割したもの。季語（p.6）も、この節目にそってわりふられている。「二十四節気」は種まきなど、農業を計画的に行うのに欠かせない目印だった。

科学の目で見ると… 地球がまわるから四季がある

地球はくるくると回転（自転）しながら、太陽のまわりを1年かけて一周している（公転）。地球自体が少しかたむいてまわっているため、地球の位置によって太陽に照らされる時間や角度が変わる。こうして気温が変化し、四季折々の気候の変化も生まれるんだ。

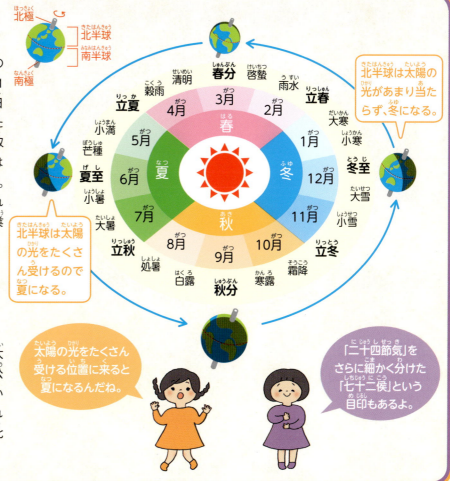

理科×国語 こぼれ話 1

辞書と図鑑のゲームで遊ぼう！

辞書や図鑑を使って遊ぶゲームを紹介するよ。楽しみながら言葉やものごとにくわしくなろう！　遊んでいるうちに辞書や図鑑の使い方も上手になることまちがいなし！

初級編 ★

辞　辞書引き競争

準備するもの　国語辞典、百科事典
人数　3人以上
遊びかた
出題者は、辞書や事典の中から語句を選び指示する。メンバーはいっせいに辞書や事典を引き、その語句が見つかったら手を挙げる。早い順にポイントをつける。辞書や事典の数によってはチーム対抗にしてもよい。

> 落ちついているとなんでもない作業なのに、あわてるとなかなか見つからないの…。

辞　言葉当てゲーム

準備するもの　国語辞典
人数　2人以上
遊びかた
出題者は辞書から言葉を選び、説明文のみ読み上げる。メンバーはそれがしめす言葉を当てる。出題者はメンバーが知らない言葉を出題してはいけない。

> 例：東に向いたとき、南にあたる方→答え：右

> 「大部分の人が食事のときはしを持つ側」という説明まで聞くと、ぴんとくるね。

図　生き物画伯決定戦

準備するもの　動物の図鑑、紙、えんぴつなど
人数　2人以上
遊びかた
① 出題者は、図鑑のページを指定し、メンバーはそのページにいるすべての動物のすがたや特ちょうを1分間でできるだけくわしく覚える。
② 出題者は、図鑑を閉じてページ内の動物から1種類を指定する。
③ メンバーは記憶をたよりに、その動物を決められた制限時間内（5分間など）で紙に描く。
④ 出題者は、絵のうまさではなく、いちばん特ちょうをつかみ、正確なすがたを描けている人を選ぶ。

中級編 ★★

図　穴埋め雑学クイズ

準備するもの　図鑑
人数　2人以上
遊びかた
図鑑の文章を利用して穴埋めクイズを作り、おたがいに答えあう。

> 例：
> 「"鳥のあしは、○○○でおおわれている"。○○○に入る言葉はなんでしょう？」
> →答え：うろこ

> 三択クイズにしても楽しいね。

辞　はんぺん探し

準備するもの　国語辞典、紙、えんぴつ
人数　2人以上
遊びかた
制限時間（5分間など）を決め、「○ん○ん」になっている形の言葉を探す。たくさん見つけられた人の勝ち。手拍子のリズムにのせて、ひとりずつ順番に言葉を発表していってもおもしろいよ。

> 例：「はんぺん」、「かんしん」、「まんたん」など

> がんばれば100こ以上見つかるよ。

辞　一文字すり替え

準備するもの　国語辞典
人数　2人以上
遊びかた
最初に三文字の言葉を決め、一文字ずつ変えてちがう言葉を作っていく。続きが思い浮かばなくなったら、辞書を使って調べる。手拍子のリズムにのせて、ひとりずつ順番に言葉を発表していってもよい。

> 例：かりる（借りる）→おりる（降りる）→おりめ（折り目）→おかめ→おかし（お菓子）→かかし→かかと→かかり（係）→ひかり（光）

上級編 ★★★

辞 たほいや

準備するもの 国語辞典、紙、えんぴつ

人数 3人以上（多いほうが楽しい）

遊びかた

出題者はあらかじめ、国語辞典にのっている言葉の中からだれも知らなさそうな言葉を選び、正しい意味を紙に書いておく。

① 出題者は選んだ言葉を発表する。
② 解答者は、出題された言葉の意味を自分なりに予想して紙に書き、出題者にわたす。
③ 出題者は、集まった予想と本当の意味を書いた紙をまぜて、それぞれ読みあげる。
④ メンバーは、その中から本当の意味を当てる。

『広辞苑』や『大辞林』などの大型の辞書には、ふだん使わない言葉もたくさんのっているから、このゲームにぴったりだよ！

図 図鑑かるた

準備するもの 図鑑、厚紙、はさみ、色えんぴつ、マジックなど

人数 3人以上

作り方

① かるたの大きさに厚紙を切る。
② 図鑑にのっているものの絵を絵札に描く。
③ 図鑑から絵札に描いたものの特ちょうがわかる文を抜き出し、読札に書く。
④ ①〜③をくり返し、絵札と読み札のセットを20〜50セット作る。
※写真や文字をコピーして厚紙にはりつけてもよい。

動物や植物、乗り物などいろいろなテーマの図鑑かるたを作って、まぜて遊んでも楽しいよ！

観察と本で自分だけの図鑑を作ろう

観察した生き物を、図鑑や辞典、専門書で調べてみよう。成長のようすや同じ種類のなかまなど、おもしろい発見もできるよ。観察記録に、自分で調べたことを加えれば、オリジナル図鑑のできあがり！

図鑑なら、名前がわからなくても体長や季節などから虫の種類を調べられるよ。調べやすいようにくわしい写真や絵もついてるし！

専門書　あるテーマについてくわしく説明している本。

図鑑　絵や写真でもののすがたをしめしながら説明している本。

虫の名前がわかったら、国語辞典や百科事典でも調べられるね！専門書も探せるし！

国語辞典　言葉の意味や語源、表記などを記した本。

百科事典　いろいろな分野の物事をくわしく説明した本。

自然の観察と辞典の使い方

観察記録のつけ方

関連単元：理科3年　しぜんのかんさつをしよう

観察する生き物を決めたら、ノートに特ちょうを記録していきます。

- 日時・天気
- 色や形、大きさ — 観察して、気がついたことをどんどん書き加えていこう！言葉で表せないことは絵で描いてもいいね。
- 余白 — あとから調べたことを書きこめるように、余白スペースをとっておくとよい。

観察するときの持ち物

虫めがね / ものさし / えんぴつ / 消しゴム

注意

トゲや毒など危険のある生き物には決して近づかないこと。

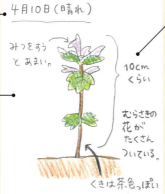

イラクサ　ウルシ　スズメバチ　チャドクガの子ども　など

国語辞典の使い方

関連単元：国語3〜4年　国語辞典の使い方

国語辞典は、言葉の意味、言葉の使い方、漢字での表し方などを知りたいときに使います。国語辞典の中の言葉はあいうえお順に並んでいます。

辞書の引き方

① 辞書の「つめ」を目印に、ページの検討をつける。「バード」という言葉を探す場合、最初の文字は「バ」なので、は行を開く。

② 「はしら」の言葉を見て、探している言葉がそのページの前後どちらにあるかを確認しながら、ページを探していく。

③ 近い言葉のページにきたら、見出し語の並びから目的の言葉を探す。

理科と国語をつなげる

もくじやさくいんを上手に使って、観察した生き物の名前や生態、興味を持った自然現象のようすを、図鑑や国語辞典で調べてみよう。

観察記録をためていけば自分だけの図鑑が作れるね。

図鑑のいろいろな調べ方

- もくじやさくいんで調べる…見出し語を探す
- 季節で調べる…「春」のページを探す
- 種類で調べる…「チョウのなかま」を探す

春の草花

タンポポ　オオイヌノフグリ　ハルジオン　ホトケノザ

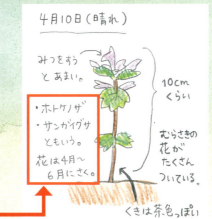

余白に調べたことを記入すると、よりくわしくておもしろい記録になるよ。

ものしりマップを作ろう

家のまわりや公園で気になったものを、観察したり調べたりしてみよう。いろいろな情報を地図の中に書きこんでいくと、自分だけのものしりマップが完成するよ！

図鑑で生き物を調べよう！

観察した生き物を図鑑で調べると、くわしい生態データや体の細かいもようまでわかる。もちろん、自分が目で見て確かめた情報はとても大切！ まだ本にも書かれていない新しい発見があるかもしれないよ。

国語辞典で生き物を調べよう！

図鑑だけでなく、国語辞典を引いて調べるくせをつけよう。漢字や語源など、その生き物にまつわる意外な豆知識やおもしろ雑学も見つけることができるよ。

かわせみは、夏の季語にもなっている鳥なんだ！

名所・旧跡は郷土資料で調べよう！

地域の図書館に行くと、その土地に深く関係した本がそろっている。自治体が配っているパンフレットなども参考にしてみよう。

最新情報はインターネットで調べよう！

最近のニュースや最も新しい地域の情報は、まだ百科事典にのっていないかもしれない。検索ワードを駆使して、最新の情報を探してみよう。

検索のコツ

- 複数の単語で検索する
  例：外来種のカメについて知りたい
  [カメ　外来種 🔍]
- 要らない情報の単語に「-」をつける
  例：カメ以外の外来種を知りたい
  [外来種　-カメ 🔍]

単語の間にスペースを入力する。

図鑑に出てきた知らない言葉を国語辞典で調べよう！

図鑑の説明文には少しむずかしい言葉が出てくることもある。そんなときは言葉を国語辞典で調べて理解を深めよう。どんどん国語辞典を引き続けるうちに、きみの国語力がきたえられていくよ！

ものしりマップのつくりかた

①マップエリアを観察する ▶ ②図書館などで調べる ▶▶ ③地図に情報を書きこむ

あると便利なもの
- 観察ノート
- 筆記用具
- 色えんぴつ
- デジタルカメラ
- ビニール袋
- 地図
- 虫よけスプレー
- ハンカチ
- ティッシュ

観察しながら、調べたいと思ったことをメモしておくとあとで調べやすい。

最初に土台となる地図を描こう!

風景を写真に記録しよう!
帰ってから写真を見ていると、あとからマップに書き足したい重要なものが出てくるかもしれないよ。素早く逃げてしまう生き物など、ゆっくりスケッチできないものを記録しておくと役に立つ。

ここにしかない何かを探そう!
生き物や建物以外にも気になるものはないだろうか? これは本にはのっていないので、自分で歩いて自分の目と頭と心で探すしかない。ささいなことに思えても、独自の視点がおもしろい発見を生むことがある。なにより、不思議なものに対する好奇心や感動は、よむ人の心をつかむ。

使えるキーワード
謎、ミステリー、ヘンテコ、レア、おもしろスポットなど

植物や動物をスケッチしよう!
スケッチをすると、生き物のすがたを覚えやすい。また、植物の葉のつき方や動物のしぐさなど、図鑑の写真ではわからない細かいようすを観察することができる。

落ち葉などはそのまま持ち帰って家でスケッチしてもいいね!

図鑑にのっていないことを書き足そう!
本で調べたことをまとめるだけでも興味深いものになるけれど、本にのっていないことを書き足せばいっそう価値が増す。たとえば、図鑑に木全体の形の写真がのっていたら、拡大した葉っぱや幹の特ちょうを描いてみたり、ほかの種類と比べてみたりくふうしよう。

ふつうの地図より情報がギュッとつまっているね!
自分で観察していろいろな本で調べた成果が出てるね!

ことわざで天気予報をしてみよう

現代では気象衛星のデータなどを利用して、精度の高い天気予報が行われているけれど、昔の人々も、毎日の空もようをよく観察し、天気にまつわる経験や知恵をいろいろなことわざに残してきたんだよ。

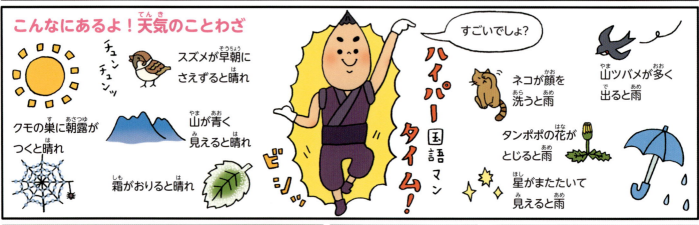

学びのポイント
天気の変化とことわざ

天気と情報

関連単元：理科5年　天気の変化

気象衛星による雲画像や、アメダスによる降水量、気温などの観測データから、天気の変化を予想することができます。

12月10日・11日の午後3時の降水量

写真を見ると、雨雲が東から西へ移動しているのがよくわかるね！

画像提供：日本気象協会 tenki.jp

いろいろなことわざ

関連単元：国語3年　ことわざについて調べよう

昔から言い伝えられてきた、生きる知恵や教えをふくむ短い言葉を「ことわざ」といいます。いろいろなことわざを探して、実際の会話の中で使ってみましょう。

猫に小判
価値のわからない人に貴重なものをあたえても、役に立たないことのたとえ。

笑う門には福来たる
いつも笑顔で明るく過ごしていれば、幸せがやってくるということわざ。

理科の知識に国語の知識が加われば「鬼に金棒」だよ。

ことわざを使っておしゃべりすると楽しそうだね！

理科と国語をつなげる

「夕焼けに鎌を研げ」ということわざは、本当に正しいといえるのかな？昔から伝わる天気のことわざを、科学の目で検証してみよう。

Q どうして夕焼けの翌日は晴れるの？

A 夕焼けが出るのは、西の空が晴れているとき。天気は西から東へ変わることが多いから、西の空が明るいときは翌日晴れる可能性が高い。

日本の上空には、西から東へ流れていく「偏西風」という風が吹いているんだよ。

科学的に見ても根拠があることわざだったんだね！

太陽は西に沈むから、夕焼けが見えるのは西の方角だよね。

偏西風

西から東へ吹く偏西風に乗って雲が移動するため、天気は西から東へ変わることが多い。（季節や条件によって、偏西風の通り道がずれることもある。）

天気にまつわることわざ

天気や季節に関することわざはまだまだたくさんあるから、辞典などを使って探してみよう。それぞれのことわざの科学的な根拠を調べて、研究するのも楽しいね。

富士山が笠をかぶると雨

富士山のふもとに住む人々は、山の上にかかる雲のすがたを見て天気を予測してきた。上空に笠のような雲ができるのは、低気圧や前線が近づき、湿った空気が流れこんでいるときなので、天気がくずれやすい状態といえる。実際の観測でも、富士山にこの笠雲がかかると、70%以上の確率で24時間以内に雨が降るというデータがあるんだよ。

夕立は馬の背を分ける

夕立は、おもに夏の暑い午後に突然降り出すどしゃぶり雨のこと。夕立の原因となる入道雲は、ほかの雨雲に比べると面積が小さい雲なので、夕立はとてもせまい範囲にだけ降る雨なんだ。昔の人は、そんな夕立のようすを「馬の背中の半分は雨でぬれているのに、もう半分はぬれていないほどだ」と誇張して表現したんだね。

女心（男心）と秋の空

秋になると、晴れをもたらす高気圧と雨をもたらす低気圧が、日本の近くを数日間の周期で何度も通りすぎる。そのため雨が降ったり晴れたりと、短い間に天気が変わりやすくなるんだ。うれしくなったり悲しくなったり、怒ったり笑ったり…。移り変わりやすい人の心を、変わりやすい秋の空もようにたとえた、絶妙なことわざだよ。

ツバメが低く飛ぶと雨

ツバメの飛ぶ高さは、エサとなる虫たちの飛ぶ高さによって変わる。晴れて気温が高いときは虫の動きが活発になり、高いところを飛ぶ。一方で、天気が悪く気温が低いときは、虫の活動はにぶくなり、低いところを飛ぶようになる。だから、虫を追うツバメが低いところを飛んでいるときは、天気がくずれる前ぶれだといえるんだね。

コラム

伝説を生んだ自然現象

古くから伝わる伝説には、大自然の神秘がもとになっているものも多くあるんだよ。

湖の上に氷の道ができてる〜！

御神渡り

神様が渡る恋の道

長野県にある諏訪湖は、冬になると湖面が凍ってしまう。寒い日が続いて氷が厚くなると、轟音とともに氷がさけて、湖の岸から岸まで山脈のように盛り上がる「御神渡り」が起こることがある。これは、諏訪大社の上社の男神（建御名方神）が、下社の女神（八坂刀売神）のもとへ渡るときにできる「恋の道」だと言い伝えられている。

科学の目で見ると…
ものの体積は温度によって変化する。御神渡りは、昼と夜の気温の変化によって、厚い氷が膨張と収縮をくりかえして起こる現象だ。そのメカニズムは複雑で、毎年必ず見られるわけではない、貴重な自然現象なんだよ。

どうして陸が地面から浮き上がっているの？

蜃気楼

はまぐりが作ったまぼろし？

海や砂漠ではときどき、地上にあるものが浮き上がって見えたり、逆さまに見えたりする「蜃気楼」という現象が起こる。「蜃」は大きなはまぐり、「楼」は高い建物を意味する漢字。昔の中国や日本では、蜃気楼は、はまぐりが気を吐いて空中に描いたまぼろしの建物だと言い伝えられていたんだ。

科学の目で見ると…
蜃気楼は、大気中にあたたかい空気と冷たい空気の層があるとき、その境目で光が屈折して起こる。人間の目が、曲がって目に届いた光も、まっすぐ届いたとかんちがいするので、本来とはちがう場所に、ものが見えてしまう現象だ。

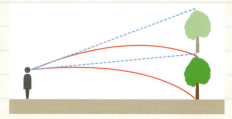

25

理科×国語 こぼれ話 2

わくわく理科ライブラリー

「理科は好きだけど読書は苦手」「読書は好きだけど理科はむずかしい」そんなきみも科学者が書いた名作科学読み物を読めば、理科も国語も両方好きになっちゃうかも！

動物 『シートン動物記』 アーネスト・シートン

動物好きが夢中になる名作

今泉吉晴 訳／童心社

シートン自身が描いた挿絵。

『シートン動物記』は、生涯にわたって動物と自然を愛したシートンが、自分の体験をもとに書いた小説をまとめたもの。人間たちがしかける数々の罠をかいくぐった狼王ロボの話をはじめ、コヨーテにおそわれ絶体絶命の状況にあるシートンを救った愛犬ビンゴの話、生き残るための知恵と勇気ある決断を忘れないワタオウサギの親子の話など、シートンがその目で見た動物たちを主人公に、彼らの生き方を臨場感たっぷりに描いている。シートンが描いた動物たちの生き生きとした挿絵もみどころ。

アーネスト・シートン（1860～1946年）
アメリカの博物学者、作家。少年時代をカナダの農場で過ごし、自然や動物に興味を持つ。学生時代は動物学者をめざし、卒業後は絵の勉強をはじめ、動物の観察とスケッチを続けた。33歳のころ、知人の牧場で賢いオオカミの「ロボ」と出会う。ロボとの知恵比べの日々をもとに書いた物語が世界中で評判となり、作家の道を歩みはじめた。自身の経験をもとに数多くの動物物語を書き残した。

昆虫 『ファーブル昆虫記』 アンリ・ファーブル

探究心の集大成！

奥本大三郎 訳／集英社

『ファーブル昆虫記』は、ファーブルが愛した昆虫たちの行動や生活を記録したもの。注目すべきは、ファーブルの飽くなき探究心。コロコロと丸めたフンを転がしていくフンコロガシを前にして、「もし、邪魔が入ったらどうするんだろう？」と疑問を持ったファーブルは、フンに針を突き刺したり、岩を置いたり、あらゆる手を使ってフンコロガシの行く手をはばむ。さて、フンコロガシの反応は…？ 自身の手で事実を明らかにしていく科学者の喜びと興奮に満ちた作品。

根気と洞察力はもちろん、昆虫相手にくりひろげられる実験方法のアイデアには目をみはるものがあるよ。

アンリ・ファーブル（1823～1915年）
フランスの生物学者。サンレオンという山村に生まれ、自然に親しみながら幼少期を過ごした。農家の子どもで貧しかったが、苦労のすえ小学校の先生となる。25歳でコルシカ島の中学校の教師になり、教師のかたわら本格的に博物学を学びはじめた。その後、文筆業で生計を立てるようになったファーブルは、『昆虫記』の1巻を発刊。生涯に渡り『昆虫記』の執筆を続けた。

天気 『雪』 中谷宇吉郎

岩波書店

中谷が作成した、雪の結晶の一般分類図。
中谷宇吉郎 SNOW CRYSTALS（ハーバード大学出版 1954）より

雪を愛する研究者のエッセイ

「雪の結晶は、天から送られてきた手紙である」。ロマンチックな名文で有名なこの本は、中谷宇吉郎の雪の研究をつづったもの。アメリカの農夫ベントレーが撮影した美しい雪の結晶の写真に魅せられた中谷は、雪の研究をはじめる決心をする。天然の雪を撮影、研究していくうちに、世界ではじめて人工の雪の結晶を作ることに成功。中谷はそれらの研究と科学のおもしろさを一般の人にも伝えたいという熱い想いで、冷たい雪をテーマにこの本を書いた。身近な自然が持つふしぎと美しさに目を開かせられる一冊だ。少しむずかしい表現も多いけれど、挑戦して読んでみよう。

中谷宇吉郎（1900～1962年）
石川県生まれの物理学者。幼いころから読書好きに育つ。21歳のときに読んだ田辺元の『最近の自然科学』に影響を受け、22歳のときに進学した東京帝国大学（現在の東京大学）では物理学を専攻。在学時に、物理学者・寺田寅彦（P.31）の教えを受け、助手となる。イギリス留学後、北海道大学で雪の結晶の形態分類をはじめる。1936年、世界で初めて人工雪を作ることに成功し、雪氷学を確立した。

画像提供：一般財団法人中谷宇吉郎記念財団

宇宙 『宇宙への秘密の鍵』 ルーシー＆スティーブン・ホーキング

さくまゆみこ 訳／岩崎書店

宇宙を知るカギをつかもう！

ジョージは、文明の利器を嫌う両親のもとに育った小学生。あるとき、隣の家に住む科学者エリックとその娘アニーに出会い、宇宙の旅へ出かけることに。驚きと発見に満ちた旅を続けていた彼らだったが、スーパーコンピューター「コスモス」を狙う怪しい影が迫っていた…。このハラハラドキドキの冒険物語の著者は、ほんものの宇宙物理学者とその娘だ。ジョージの冒険を通して、宇宙の起源、ブラックホール、太陽系、彗星の構造など、宇宙物理のあれこれを楽しみながら理解できる。この本そのものが、宇宙の原理を理解する秘密のカギになっているんだ。

> 個性あふれるキャラクターやハラハラドキドキのストーリーが、現実の科学の話をより魅力的に見せてくれるんだ！

スティーブン・ホーキング（1942年～）
イギリス生まれの物理学者。21歳のとき、ALS（運動神経の病気）を発病。これは手足やのど、舌などを動かすのに必要な筋肉がだんだんやせて力がなくなっていく病気で、現在は特別な装置を使ってコミュニケーションをとり、原稿執筆をしている。「車椅子の天才物理学者」として知られ、現代宇宙論において最も影響力のある人物のひとり。娘のルーシーは、作家、ジャーナリストとして活躍中。

伝記を読んで発見と発明を見わたそう

今、理科の教科書にのっている知識は、偉大な研究者たちの努力の成果なんだ。むずかしく見える法則も、伝記を読んで、発見にいたる経緯や研究者の情熱を知ると、なんだか不思議な親近感がわいてくるよ。

地動説を唱えたのは…

コペルニクス
1473～1543年

当時は、太陽などの星々が地球のまわりを回っているという「天動説」が主流だった。コペルニクスはそれをくつがえし、地球が太陽のまわりを回っているという現在の「地動説」を唱えた。

物事の新しい面が切り開かれることを『コペルニクス的転回』というんだよ。

地動説は、世の中がひっくり返るほど革新的な説だったんだ!

微生物のすがたを発見したのは…

レーウェンフック
1632～1723年

約270倍の顕微鏡を自作し、小さな微生物のすがたを明らかにした。

針 / レンズ

レーウェンフックの顕微鏡では、見たいものを針の先につけ、レンズをのぞいて観察する。

電気を使った技術の基礎をきずいたのは…

偉大な発見や発明は現代の生活にも多大な影響をあたえているよ。

私も歴史に名を残すような生き方がしたいなあ!

マイケル・ファラデー
1791～1867年

化学の分野で業績を上げたあと、電磁気の研究で功績を残した。

1822年
モーターの基礎を発明!

モーターってなんだろう?
電気を動力に変える装置。ファラデーが発明したものは『電磁回転装置』と呼ばれ、すべてのモーターの基礎となった。

どんな実験をしたの?
電流が流れると可動磁石と可動針金が回転する、右のような装置を作った。

電流 / 可動磁石 / 可動針金 / 水銀

何に活かされているの?
洗濯機や扇風機、パソコンなど、今私たちが使っているいろいろな電化製品の中にも、実はこのファラデーの発明が活かされているんだよ!

1831年
発電機のしくみを発見!

発電機ってなんだろう?
発電機は電力を生み出すためのもの。正式には発電機のしくみを『電磁誘導の法則』という。

コイルが巻いてある / 導線 / 磁石

どんな実験をしたの?
左の装置を使って、コイルに磁石を出し入れすると電流が流れることを発見した。

何に活かされているの?
ファラデーが発見した発電機のしくみは、電気を使った技術すべての基礎になっている。変圧器や、Suicaなどの電子カードを今の私たちが使えるのも、ファラデーの業績があってこそなんだ。

科学の発見と伝記

電磁石

関連単元：理科5年　電磁石の性質

コイルの中に鉄心を入れて電流を流すと、磁石のようなはたらきをします。これを**電磁石**といいます。電磁石の磁力の強さは、電流の大きさやコイルの巻き数によって変わります。

【電磁石の作り方】

- 乾電池
- スイッチ
- コイル（鉄心）に導線をまいたもの

電気と磁石に関わる現象を研究する学問のことを『電磁気学』というんだって。

伝記を読もう

関連単元：国語5年　伝記

伝記とは、実在の人物の人生を描いた読み物です。ふつう伝記は、特ちょう的な出来事やその人物の功績を取り上げ、人生のすべてを時間を追って取り上げていきます。興味のある人物の伝記を読み、自分の考えを広げてみましょう。

伝記を読むときのポイント

その人物が	伝記を読んで
①何をしたか ②どんな考え方をしたか	①新しく知ったこと ②考えが変わったこと ③共感したこと

伝記の人物と自分の生き方を関わらせながら読み、考えたことや共感したことをまとめてみよう。

伝記の内容をまとめてほかの人に偉人の紹介をしてみようかな。

案外話の本筋とは関係ないこぼれ話に目を向けてもおもしろいよ。

理科と国語をつなげる

科学者の伝記を読んで、どのように発見や発明にたどりついたのかをたどってみよう。現代にあたえている影響も調べられるといいね。

〈電気の伝記ものがたり〉

マイケル・ファラデーは…

① 何をしたか
- 発電機のしくみを発見
- モーターを発明
- ほかにもガス爆発を防ぐ『安全灯』など、たくさんの発見と発明をした。

② どんな考え方をしたか
- 逆転の発想
「流れる電流が磁石のはたらきを生み出すことから、反対に磁石を使えば電気が作れるのではと考えた。

① 伝記を読んで…
新しく知ったこと
- ファラデーは小学校を出ておらず、数学を勉強していなかった。
- 科学の仕事につくために、研究者に手紙を書くなどの努力をしていた。

② 考えが変わったこと
- 境遇は自分で変えられる！

③ 共感したこと
- 新しいことを発見すると、子どもみたいにとても興奮していたところ。

こぼれ話
ファラデーはコックリさんについても調べている。

発電機のしくみは逆転の発想から生まれたんだね！

科学者の人生を知ると、理科にも興味がわいてくるなぁ！

学びのポイント もっとくわしくなろう
名言で知る科学者の功績

科学者の名言には、その人の生き方がよく表れているよ。その人物の人生をたどりながら、名言の後ろにある背景やその意味を考えてみよう。

ガリレオ・ガリレイ

1564〜1642年

> 大切なのは、発見することだ。

真実をつかむのはいついかなるときも自分の目！

1608年、オランダで望遠鏡が発明された。それを知ったガリレオはすぐに、より遠くまで見える望遠鏡を作り上げ、さまざまな天体を観察した。当時完全な球体だと考えられていた月の表面がでこぼこしていることや、太陽の黒点などを発見したのはガリレオなのだ。自分の目で実際に観察して多くの新しい発見をし、だれも考えなかった新しい学説を唱えたガリレオだからこそ、この名言が生まれたといえる。

▲ガリレオが使用した望遠鏡のレプリカ。

画像提供：明石市立天文科学館

アイザック・ニュートン

> 年がら年中、そのことばかりを考えていただけです。

1642〜1727年

ひらめきは努力の結果

「万有引力の法則をどのように発見したのか」と聞かれ、ニュートンはこの名言で答えている。地面に転がり落ちるリンゴを見てひらめいたという逸話の影には日々の努力があったんだ。ニュートンは学費のため、毎日くたくたになるまで働きながらも、決して勉強を怠りはしなかったんだよ。

ただのラッキーで思いついたひらめきじゃなかったわけね！

ベンジャミン・フランクリン

> 知識に対する投資は、常に一番の利益を生み出す。

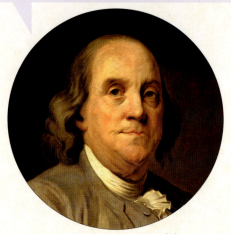

1706〜1790年

打ちこむテーマはひとつじゃない

フランクリンは12歳から働きはじめ、苦労のすえに印刷業や図書館設立などさまざまな事業を成功させた。さらに、自然や科学など学術の研究にも興味をしめし、雷が電気によるものであることも発見した。いろいろな分野に興味を持って学び、知識を活かすことで身を立て、世に多くの功績を残したフランクリンらしい名言だ。

寺田寅彦

1878～1935年
画像提供：高知県立文学館

> 科学はやはりふしぎを殺すものでなくて、ふしぎを生み出すものである。

どこまでも奥深い科学の世界

世界的な物理学者にして随筆家でもある寺田は、科学の奥深さをこんな言葉で語っている。「金平糖の角はなぜできるのか」、「ガラスのひび割れはどのように決まるのか」など、日常のふしぎを科学で解き明かしていたにも関わらず、彼は科学が発展すれば世の中のふしぎが消えてなくなるとは考えなかった。むしろ、科学が発展すればするほど、また次なる新しいふしぎが目に見えるようになるのだと説明したのだ。

世界はまだまだたくさんの不思議でみちているんだね。

アンリ・ファーブル

1823～1915年

> 現実は常に公式からはみ出す。

観察こそがすべての発見のみなもと

教師だったファーブルは、子どもたちに勉強を教えるかたわら自ら昆虫の研究をしていた。研究結果は『昆虫記』という読みものになり、今でも多くの子どもたちに読みつがれている。昆虫を忍耐強く観察し続けたファーブルは、研究や学問においても理論や公式より現実のすがたの中にこそ、思いもよらぬ答えや真実がかくされていることを、経験から知っていたのだろう。

自然をじっくり見つめると、教科書に書いていない新しい発見があるかもしれないよ。

湯川秀樹

1907～1981年

> 独創的なものは、はじめは少数派にきまっている。

信念は決して曲げない

28歳のとき、原子核を堅く結びつけている力を説明する「中間子理論」の論文を発表したが、それまでの常識を根底からくつがえすものであったため、当時はまわりから相手にされなかった。しかし、その後「中間子」に似た粒子が発見され、一躍脚光を浴び、1949年にはノーベル物理学賞を受賞する。逆境に置かれても自分の信じた道をつらぬいた研究の姿勢が、他にない偉大な発見と栄誉につながったといえるだろう。

少数派をつらぬき研究を続けた湯川さんがノーベル物理学賞を取ったとき、多数派だった人々はみんなアッと驚いただろうね。

理科のふしぎと詩を楽しもう

科学現象や自然現象がうたわれている詩を読み、理科と国語、両方の視点から考えを深めてみよう。理科でも国語でも、いつも「なぜ？」「どうして？」と疑問を問いかけ、自分の答えを見つけることが大切だよ。

シャボン玉　野口雨情

シャボン玉　飛んだ
屋根まで　飛んだ
屋根まで　飛んで
こわれて　消えた

シャボン玉　消えた
飛ばずに　消えた
生まれて　すぐに
こわれて　消えた
風　風　吹くな
シャボン玉　飛ばそ

【国】はかなく美しいシャボン玉を見つめるやさしい思いと切ない情景が、心にしみわたるなあ。

【理】石鹸液は透明なのに、シャボン玉はなぜ虹色に変化して見えるのかな？

二十億光年の孤独　谷川俊太郎

人類は小さな球の上で
眠り起きそして働き
ときどき火星に仲間を欲しがったりする

火星人は小さな球の上で
何をしてるか　僕は知らない
（或はネリリし　キルルし　ハラララしているか）
しかしときどき地球に仲間を欲しがったりする
それはまったくたしかなことだ

万有引力とは
ひき合う孤独の力である

宇宙はひずんでいる
それ故みんなはもとめ合う

宇宙はどんどん膨んでゆく
それ故みんなは不安である

二十億光年の孤独に
僕は思わずくしゃみをした

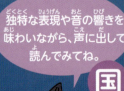

【理】万有引力や二十億光年など、宇宙や物理に関する言葉が出てくるね。知らない言葉はどんどん自分で調べてみよう！

【国】独特な表現や音の響きを味わいながら、声に出して読んでみてね。

生ひ立ちの歌（抜粋）　中原中也

　　幼年時
私の上に降る雪は
真綿のやうでありました

　　少年時
私の上に降る雪は
霙のやうでありました

　　十七─十九
私の上に降る雪は
霰のやうに散りました

　　二十一─二十二
私の上に降る雪は
雹であるかと思はれた

　　二十三
私の上に降る雪は
ひどい吹雪とみえました

　　二十四
私の上に降る雪は
いとしめやかになりました……

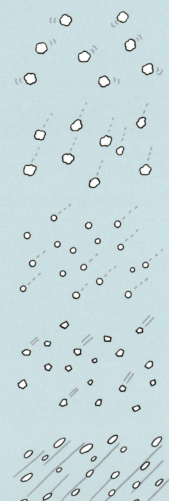

雪に関係する言葉がたくさん出てくるね。きみは、あられとひょうのちがいをきちんと説明できるかな？
理

自分の人生を雪の降り方で表現しているみたい。二十三と二十四の間に中也に何があったのかなあ。
国

※それぞれの詩の漢字や送り仮名の表記は、もとの詩の表記に合わせています。

学びのポイント

国＋理　シャボン玉のふしぎを解き明かそう

「シャボン玉」の詩の中では、シャボン玉が風に乗って高く飛んでいくようすとはかなく割れてしまうようすが、鮮やかに描き出されています。ふわふわと浮かぶ七色のシャボン玉は、どうして人の心をひきつけるのでしょうか。詩を楽しむだけではなく、シャボン玉のふしぎを科学の視点からも味わってみましょう。

国＋理　広い宇宙を想像してみよう

「二十億光年の孤独」とは、どんな孤独なのでしょうか。「光年」や「万有引力」といった、おもに天文学や物理学で使われるかたい言葉が、詩の中のみずみずしい言葉と響きあって、奥行きのある世界を作り出しています。むずかしい言葉の意味を調べて、詩に対する自分のイメージをさらにふくらませてみましょう。

国＋理　雪が表すものを想像してみよう

「生ひ立ちの歌」では、「私の上に降る雪は」からはじまる表現がくりかえされています。真綿のような雪、みぞれのような雪…。それぞれの言葉から、どんな印象を受けるでしょうか。天気にまつわる言葉の意味を確かめながら、作者が自分の人生をなぜこのように表現したのか、想像をふくらませてみましょう。

次のページで、理科と国語にもっとくわしくなろう！

科学の現象と言葉

理科のふしぎにくわしくなってから、もう一度前のページの詩を読んでみよう。ものごとの新しい面が見えると、詩がいっそう味わい深く変化するよ。

国＋理 シャボン玉のふしぎを解き明かそう

シャボン玉はどうして軽やかに浮かぶのかな？理科の知識を活かして、解き明かしてみよう。

なぜ丸いの？

水の性質でわかる！
水は、できるだけ表面積を小さくしようとする。

シャボン玉の膜が面積をできるだけ小さくしようとした結果があの丸い形になるんだ。このような力を「表面張力」と呼ぶ。コップに水をそそぐと、あふれる前に水面がコップのふちより高く、丸く盛り上がる。この現象も「表面張力」によるものなんだよ！

 葉っぱにつくしずくが丸いのも、「表面張力」があるからだね！

なぜ虹色に見えるの？

光の性質でわかる！
太陽の光にはいろいろな色の光が混ざっている。

シャボン玉は膜の外側と内側の2か所で光を反射している。この2種類の光がおたがいに強め合ったり弱め合ったりするため、いろんな色の光が変化しながらまじり合い、虹のように七色に見えるんだ。

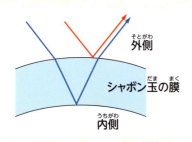

なぜ飛ぶの？

空気の性質でわかる！
暖かい空気は、冷たい空気よりも軽い。

空気は目に見えないがちゃんと重さがある。人間が吹きこんだ息は体内で暖められて、まわりの空気よりも軽い。そのため、シャボン玉は上昇するか、落ちにくくなる。同じように、熱気球も暖かい空気が上昇するしくみを活かした乗り物だ。

なぜ割れるの？

重力の性質でわかる！
重力によって液体は下に引っぱられている。

シャボン玉の膜を作る液体は、重力に引っぱられ、だんだんと下にたまっていく。そのため、膜は上の部分がどんどんうすくなっていき、膜がこれ以上うすくなれないという時点で割れてしまう。

なぜ色が変わるの？

光の性質でわかる！
光の反射の仕方によって見える色が変化する。

左で説明したように、光を反射するときの膜の厚さによって、色が変化して見える。最初は虹色のシャボン玉も、赤や黄、緑と色を変え、膜がうすくなると外側と内側の2層の反射による光の変化が弱くなるため、最後は透明に見える。

いろいろ科学的に学んでからもう一度シャボン玉の歌を聞くと、生まれてからこわれて消えるまでの色の変化まで頭に浮かぶようになったよ！

国＋理　広い宇宙を想像してみよう

言葉の意味を知る前と後で、詩の印象が何か変わったか話し合ってみよう。

『二十億光年の孤独』に出てくる宇宙や物理に関する言葉

火星人
昔、火星の観測で、火星の谷を人工の運河と見まちがえたことから、火星には知的生命体がいるという誤解が広まった。今現在のところ、火星に知的生命体は確認されていない。

二十億光年
1光年とは、光が1年間に進む距離を表す単位。kmに換算すると、1光年は約9.5兆km。その20億倍が20億光年だ。気が遠くなる距離だね！

万有引力
すべての物体の間に作用する、引きつけ合おうとする力のこと。ニュートンが発見した。リンゴが地面に落ちるのも、リンゴと地球の間に万有引力がはたらいているからなんだ。

- 火星人が存在すると思われていた時代もあったんだね。宇宙人がいるかも！と想像して空を見上げるとワクワクするもんね。
- 昔の人も、詩に登場する「僕」も、今の私たちも、夜空を見ながら宇宙人のことを考えられずにはいられないんだ。
- そうだね。もし本当に火星人がいて、同じように地球に仲間をほしがっているとしたら、ちょっとうれしいな。
- それと、私は二十億光年って火星までの距離かと思っていたけど、もっともっと、とんでもなく大きな数字みたいだね。
- 二十億光年は、人間に認識できないほどの距離や広さを表しているんだと思うな。宇宙空間すべてを表してるんじゃない？
- それほどの広〜い宇宙空間にぽつんと存在する生き物はみんな孤独で、どこかに仲間をほしがっているというわけだ。
- それで、おたがいに引き合おうとする力を表す言葉、「万有引力」を当てはめたのかもしれないね。

国＋理　雪が表すものを想像してみよう

私の上に降る雪は…。詩で表現されているそれぞれの天気のようすを確かめてみよう。

綿雪

綿をちぎったような、ふわふわとした雪のかけら。羽のようなぼたん雪より少し小さい。

霙（みぞれ）

雪と雨がまじって降るもの。気温が下がり、雨から雪に変わるときなどに現れる。

霰（あられ）

雲の中で雪に水滴がついてできる、直径5mm未満の氷の粒。あられやひょうを「氷雨」ともいう。

雹（ひょう）

直径5mm以上の大粒の氷。あられより速い速度で落下し、農作物や車に大きな被害をあたえることも。

吹雪

雪が激しい風にあおられ、空中を乱れ飛びながら降る現象。一面真っ白で前が見えなくなることも。

だんだん天候が荒れているよ。

雪のはげしさを、自らの人生の状況にたとえているのかもしれないね。

- 監修　齋藤孝

  1960年、静岡県生まれ。東京大学法学部卒業。東京大学大学院教育学研究科博士課程等を経て現在、明治大学文学部教授。専門は教育学、身体論、コミュニケーション論。著書に『声に出して読みたい日本語』（草思社）、『勉強なんてカンタンだ！』（PHP研究所）、『考え方の教室』（岩波書店）ほか多数。

- 装丁・本文デザイン　DAI-ART PLANNING（五十嵐直樹、横山恵子、天野広和）
- 表紙・本文イラスト　MARI MARI MARCH
- 編　集　教育画劇（清田久美子）

  オフィス303（深谷芙実、金田恭子、三橋太央）

- 写真・図版・挿絵　読売新聞／アフロ、草思社、フォトライブラリー、上薗紀耀介、JAXA、日本気象協会 tenki.jp※、諏訪市博物館、ゲッティ イメージズ、中谷宇吉郎記念財団、サイエンスフォトライブラリー、アイストックフォト、明石市立天文科学館、高知県立文学館

  ※日本気象協会の天気予報専門サイト tenki.jp(http://www.tenki.jp)
  　生活にかかせない天気予報に加え、専門的な気象情報、地震・津波などの防災情報も確認できます。

齋藤孝の どっちも得意になる！ 理科×国語

2016年4月1日　初版発行

理科と国語がどっちも大好きになっちゃった！

発行者　升川秀雄
発行所　株式会社教育画劇
　　　　〒151-0051
　　　　東京都渋谷区千駄ヶ谷5-17-15
　　　　TEL 03-3341-3400
　　　　FAX 03-3341-8365
　　　　http://www.kyouikugageki.co.jp
印刷所　大日本印刷株式会社

N.D.C.375　36p　297×220　ISBN 978-4-7746-2041-1
（全4冊セットISBN 978-4-7746-3032-8）
©KYOUIKUGAGEKI, 2016, Printed in Japan

- 無断転載・複写を禁じます。法律で認められた場合を除き、出版社の権利の侵害となりますので、予め弊社にあて許諾を求めてください。
- 乱丁・落丁本は弊社までお送りください。送料負担でお取り替えいたします。